优秀技术工人
百工百法丛书

李兵工作法

汽车发动机故障诊断与维修

中华全国总工会 组织编写

李兵 著

中国工人出版社

匠心筑梦 技能报国

技术工人队伍是支撑中国制造、中国创造的重要力量。我国工人阶级和广大劳动群众要大力弘扬劳模精神、劳动精神、工匠精神，适应当今世界科技革命和产业变革的需要，勤学苦练、深入钻研，勇于创新、敢为人先，不断提高技术技能水平，为推动高质量发展、实施制造强国战略、全面建设社会主义现代化国家贡献智慧和力量。

——习近平致首届大国工匠
创新交流大会的贺信

序

党的二十大擘画了全面建设社会主义现代化国家、全面推进中华民族伟大复兴的宏伟蓝图。要把宏伟蓝图变成美好现实，根本上要靠包括工人阶级在内的全体人民的劳动、创造、奉献，高质量发展更离不开一支高素质的技术工人队伍。

党中央高度重视弘扬工匠精神和培养大国工匠。习近平总书记专门致信祝贺首届大国工匠创新交流大会，特别强调“技术工人队伍是支撑中国制造、中国创造的重要力量”，要求工人阶级和广大劳动群众要“适应当今世界科技革命和产业变革的需要，勤学苦练、深入钻研，勇于创新、敢为人先，不断提高技术技能水平”。这些亲切关怀和殷殷厚望，激励鼓舞着亿万职工群众弘扬劳模精神、劳动精神、工匠精神，奋进新征程、建功新时代。

近年来，全国各级工会认真学习贯彻习近平总书记关于工人阶级和工会工作的重要论述，特别是关于产业工人队伍建设改革的重要指示和致首届大国工匠创新交流大会贺信的精神，进一步加大工匠技能人才的培养选树力度，叫响做实大国工匠品牌，不断提高广大职工的技术技能水平。以大国工匠为代表的一大批杰出技术工人，聚焦重大战略、重大工程、重大项目、重点产业，通过生产实践和技术创新活动，总结出先进的技能技法，产生了巨大的经济效益和社会效益。

深化群众性技术创新活动，开展先进操作法总结、命名和推广，是《新时期产业工人队伍建设改革方案》的主要举措之一。落实全国总工会党组书记处的指示和要求，中国工人出版社和各全国产业工会、地方工会合作，精心推出“优秀技术工人百工百法丛书”，在全国范围内总结 100 种以工匠命名的解决生产一线现场问题的先进工作法，同时运用现代信息技术手段，同步生产视频课程、线上题库、工匠专区、元宇宙工匠创新工作室等数字知识产品。这是尊重技术工人首创精神的重要体现，是工会提高职工技能素质和创新能力的有力做法，必将带动各级工会先进操作法总结、命名和推广工作形成热潮。

此次入选“优秀技术工人百工百法丛书”作者群体的工匠人才，都是全国各行各业的杰出技术工人代表。他们总结自己的技能、技法和创新方法，著书立说、宣传推广，能让更多人看到技术工人创造的经济社会价值，带动更多产业工人积极提高自身技术技能水平，更好地助力高质量发展。中小微企业对工匠人才的孵化培育能力要弱于大型企业，对技术技能的渴求更为迫切。优秀技术工人工作法的出版，以及相关数字衍生知识服务产品的推广，将为中小微企业的技术进步与快速发展起到推动作用。

当前，产业转型正日趋加快，广大职工对于技能水平提升的需求日益迫切。为职工群众创造更多学习最新技术技能的机会和条件，传播普及高效解决生产一线现场问题的工法、技法和创新方法，充分发挥工匠人才的“传帮带”作用，工会组织责无旁贷。希望各地工会能够总结命名推广更多大国工匠和优秀技术工人的先进工作法，培养更多适应经济结构优化和产业转型升级需求的高技能人才，为加快建设一支知识型、技术型、创新型劳动者大军发挥重要作用。

中华全国总工会兼职副主席、大国工匠

高凤林

优秀技术工人百工百法丛书

机械冶金建材卷

编委会

作者简介
About The Author

李兵

1968年出生，北京汽车集团有限公司汽车研究总院试制试验部专家，汽车装调工，高级技师，工程师，北京汽车集团有限公司首席技师，国家级技能大师工作室负责人。

曾获“全国技术能手”“北京市劳动模范”“北京市大工匠”“北京市高级技术能手”等荣誉和称号，享受国务院政府特殊津贴。

李兵先后在北京轻型汽车有限公司、北京现代汽车有限公司、北汽股份北京分公司、北京汽车集团有限公司汽车研究总院工作。2011 年，他从“零”起步，加入自主品牌“绅宝 D70”产研结合的创业队伍，走出了一条独特的自主品牌创新之路，将北京汽车集团有限公司汽车研究总院与北汽股份北京分公司紧密地联系起来。“李兵工作室”也成为二者之间的桥梁，大大提升了从技术研发到投入生产的转化质量与转化速度，成为北京汽车自主品牌的孵化基地。进入汽车研究总院后，他开展技术攻关、自主创新、新工艺新技术推广应用工作，同时制订系统的人才培养计划，多次组织技能比武，培养了一批批优秀技能人才，为首都汽车自主品牌事业发展作出了积极贡献。

工 / 匠 / 寄 / 语

扎根一线，凝心铸魂

打造高质量的中国汽车

李兵

目　　录

Contents

引　　言
Introduction

李兵从事汽车装调工作 35 年，在工作岗位上，解决过合资品牌汽车、自主品牌汽车的多项重大疑难问题。从生产到研发，再到产研结合；从生产一线工人，到汽车试制专家，他对每一颗螺钉的安装位置及每一个安装细节对车辆产生的影响都了如指掌，出色地解决了多项重点、难点问题。

在长期的实践中，李兵总结了一套针对汽车发动机故障的诊断和维修方法，即“望、闻、问、切”法。无论是机械故障，还是电气故障，通过使用这套方法，都能准确判断出导致汽车发动机故障的症结所在，并确定故障范围，找到解决问题的方案。本书讲述了“望、闻、问、切”汽车发动机故障诊断与维修方法的主要应用场景，包括发动机动力弱故障排查、发动机无法启动故障排查、车辆加速无力故障排查、发动机抖动故障排查、发动机启动困难故障排查等常见故障，可广泛适用于汽车整车生产下线后的车辆检测维修、汽车日常行驶过程中故障的排查、汽车 4S 店车辆故障维修，可供车辆生产、维修从业人员及日常生活中有汽车维修应用需求的人员学习使用。

第一讲

“望、闻、问、切”汽车发动机故障诊断与维修方法概述

一、“望、闻、问、切”汽车发动机故障诊断与维修方法简介

顾名思义，“望、闻、问、切”汽车发动机故障诊断与维修方法分为“望”“闻”“问”“切”四个步骤。

1.“望”

“望”即观察发动机工作情况、仪表故障显示、汽车尾气等整体运行状况，观察汽车在运行过程中存在的故障，进行问题点判断。

2.“闻”

“闻”即听发动机、传动系统、电气设备等部位运转的声音，闻车辆有无异味（电气设备煳味、臭鸡蛋味等），以分析和判断汽车故障的大致情况。

3.“问”

“问”即向相关知情人员询问车辆在运行过程中表现出的状态和问题，以了解汽车以往的情况，进行具体分析。

4.“切”

“切”是通过手摸来感知发动机及相关零部件的温度、振动频率、牢固程度等，配合使用诊断仪、万用表等设备，对车辆进行体检，即采用诊断设备进行测量诊断，根据数据分析结果，精准判断问题所在。在诊断过程中，诊断仪、内窥镜、万用表是经常用到的诊断设备。

遇到“顽疾”时，从脑子里调出线路图、各种模块的工作原理，确定故障原因后，再开解决问题的“处方”，确保“药到病除”。

二、“望、闻、问、切”汽车发动机故障诊断与维修方法适用场景

汽车发动机是为汽车提供动力的装置，是汽车的“心脏”。如果发动机出现故障，将对汽车的正常运转造成重大影响。因此，保养好发动机是保养汽车最重要的任务。如果发动机处于良好的技术状态下，在怠速运转和中、高速运转时，汽车的各元器件将表现正常；如果发动机在运转过程中出现异常现象，则表明有故障。能否准确识别这些异常现象并及时排除故障，直接关系到能否让发动机保持良好的技术状态。

“望、闻、问、切”汽车发动机故障诊断与维修方法能快速、及时、准确地判断汽车发动机的故障所在，主要适用于汽车发动机出现以下 5 种故障的场景。

（1）汽车发动机动力弱。

（2）汽车发动机无法启动。

（3）车辆加速无力。

（4）汽车发动机抖动。

（5）汽车发动机启动困难。

本书将运用“望、闻、问、切”汽车发动机故障诊断与维修方法，结合系统排查法（根据故障实际情况及需要，排查燃油系统、进气系统、排气系统、点火系统、电路系统、制动系统、相关模块及信号等），通过试制和试验上述5种常见的汽车发动机故障场景，进行相应的操作流程解析及实施效果分析。

第二讲

发动机动力弱故障排查的操作流程及实施效果

一、燃油供油管路内存异物导致的动力弱

（一）故障描述

车辆用遥控钥匙可以正常解闭锁，进入车内后，按下一键启动开关，车辆可以正常上下电；踩下制动踏板后，可以正常启动车辆。车辆启动后，明显感觉怠速不稳定；冷启动后，加速时易灭车；原地踩油门时，加速无力，转速上不去。将加速踏板踩到极限时，发动机的转速可达4000r/min左右；车辆挂D挡行驶时，发动机的转速只能达到2500~3000r/min，无后续动力输出。熄火后，电子手刹正常工作。

（二）故障原理

一般来说，导致发动机动力弱的原因有以下几个方面：燃油系统压力低、点火系统点火异常、进气系统不通畅、排气系统堵塞、发动机线束插件损坏和缸压低等。

当出现发动机动力弱的现象时，通常可以依次

对以上几个系统和方面进行排查，通过排除法，最后找到导致故障出现的根本原因。

（三）故障排查

1. 排查燃油系统

（1）检查油箱的燃油泵是否能够正常工作、燃油泵插件是否插接到位（是否出现插接不牢固和插件退针的情况）。如插接不到位，进行外观检查后，插接牢固即可。可以用听声音的方法来辨别油箱的燃油泵是否有动作（燃油泵正常工作时，上电，不启动发动机，在室内能够听到 2 秒“嗡嗡”声，不正常工作时则没有声音）。发动机高压油泵和油箱燃油泵如下页图 1、图 2 所示。

（2）检查燃油供油管路，观察管路是否有裂纹或是否存在杂质。如有杂质堵塞管路，仔细观察，可以看到管路有轻微抖动现象，导致燃油输出时供油压力弱。可以将压力表连接到供油管路上进行检测，检查测得的数值是否符合车辆设计时的压力要

图 1　发动机高压油泵

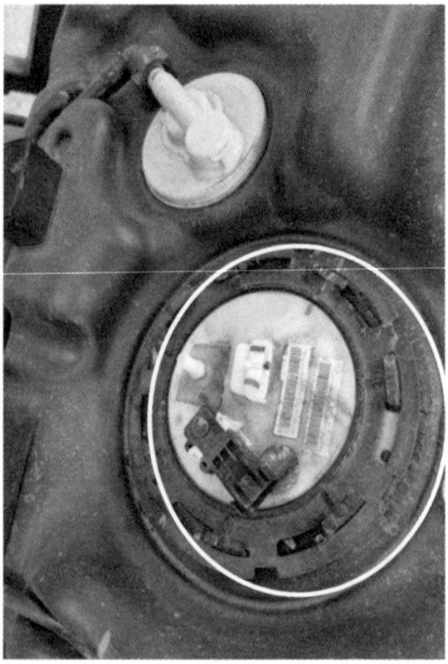

图 2　油箱燃油泵

求（可依据每种车型提供的标准参数确定标准压力值）。如压力值不符合要求，需要更换新的供油管路来排除出现的故障。

（3）检查发动机端的高压油泵供油管路里是否存在气体。当高压油泵供油管路里有气体时，点火后燃油不能充分地进入发动机燃烧室里，此时可以通过听声音的方法来判断高压油泵供油管路里是否存在气体。在正常工作状态下，松开供油管路，不会听到管路里有“滋滋”的声音。另外，还可以通过断开高压油泵前的供油管路，直观观察此处是否有大量气体排出，以判断管路里是否有气体。

（4）检查油轨和喷油嘴的工作状况。在发动机正常工作状态下，喷油嘴会发出有节奏的“哒哒”声，在用手按住的情况下，会感受到有节奏的振动感。如果发动机不正常工作，拆下油轨，观察喷油嘴处是否有积炭残留、堵塞和磨损现象。如果存在以上情况，在车辆燃油压力值和喷油脉冲值不变的情况下，将出现喷油嘴的实际喷油量减少、喷油嘴雾化不良等现象，导致发动机动力弱。此时需要更换新的喷油嘴，以排除问题点。

（5）检查燃油是否存在杂质。可通过抽出燃油，观察燃油的干净程度来判断。如果燃油存在杂质，燃烧后输出的功率将比较小，会造成发动机加速不良或动力不足。如发现燃油杂质过多、质量不好，需要将其排净，再次加入质量合格的燃油。

2. 排查点火系统

（1）检查点火线圈插件是否正常。可拔掉点火线圈，观察其是否有开裂、松动、老化等问题（直观观察点火线圈侧壁是否出现白点裂痕或橡胶老化现象）。如存在以上问题，更换新的点火线圈，修复线束插件，即可解决问题点。发动机上的点火线圈如图 3 所示。

图 3　发动机上的点火线圈

（2）检查火花塞。观察两电极端的距离和点火现象，观察火花塞的陶瓷体是否有裂痕和漏火现象，陶瓷体和金属连接处是否有漏气现象和损坏现象。红色火花代表电火花弱，蓝色火花代表正常。汽车上的火花塞如图 4 所示。如火花塞有问题，更换新的火花塞即可。

图 4　汽车上的火花塞

3. 排查进气系统

（1）拆开空气滤清器和进气管路，观察是否存在异物或者因空气滤清器灰尘过多造成的堵塞现象。如果存在以上现象，会引起发动机的进气量不足，造成发动机动力弱或加速不良的故障。可拆开进气管路，查看里面是否有异物；检查空气滤清器里的灰尘是否过多；检查进气流量传感器是否有煳味；观察进气流量传感器内部是否密封严实；听管路是否有漏气的“刺刺”声；借助诊断仪测量进气流量传感器的压力值是否异常。如存在以上问题，需要更换新的空气滤清器和新的进气流量传感器。

（2）检查节气门传感器的打开及关闭状态是否正常。通电后，观察节气门传感器里的翻板是否有旋转动作；将加速踏板踩到极限，观察节气门传感器能否完全打开。正常状态下，节气门传感器里的翻板翻转角度会与加速踏板踩下的深度呈正相关。如果节气门传感器出现问题，需按照线束原理图检修线束；如线束无问题，更换新的节气门传感器即可。节气门传感器如下页图 5 所示。

4. 排查排气系统

检查三元催化器。三元催化器里面有蜂窝状陶

图 5　节气门传感器

瓷体，轻轻敲击三元催化器，如无异响，则正常。如有“哗啦哗啦”的声音，则说明是因陶瓷体损坏出现堵塞现象。检查前后氧传感器等与排气相关的插件的线束在高温情况下是否有被烤化的情况。最后检查排气尾端（消声器），看看有没有由异物造成的堵塞现象，因为长时间使用后里面的玻璃纤维容易造成堵塞，堵塞现象会导致排气系统的背压过大，排气不畅也会造成气缸内残余的废气含量增多，使得混合气的燃烧速度过慢。在此情况下，排气时能听到“突突”的声音，并能明显感觉到排气不畅。如有粉碎或堵塞情况，需要更换新的三元催化器、消声器。三元催化器如图 6 所示。

5. 排查发动机相关部件及插件

（1）检查部件及插件（增压器控制阀、点火线圈、油轨、喷油嘴、高压油泵、轨压传感器等）的外观，观察是否有损坏和老化现象。在正常状态下，插件插接后不会有松动、退针等情况；在不正常状态下，肉眼能观察到插件有裂痕、线束端子有

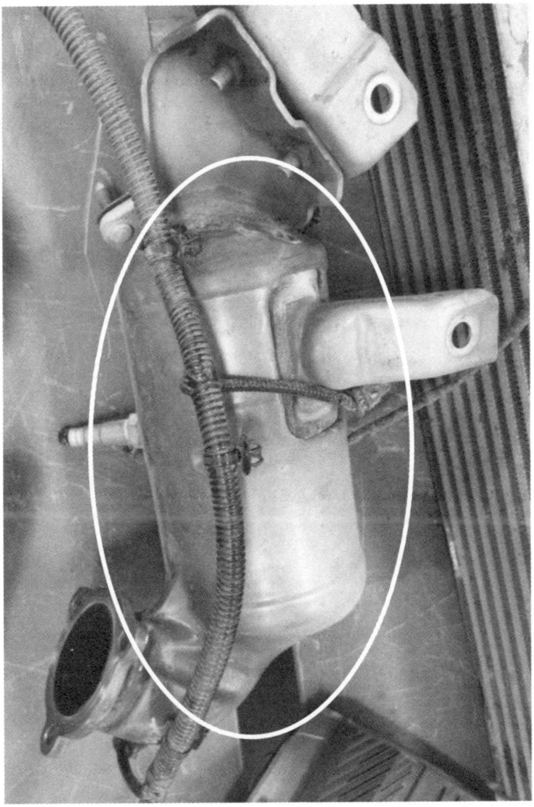

图 6　三元催化器

退针的现象。如遇到此情况，可用手拔出插件再次插入，重新锁止到位。

（2）检查气缸压力值是否达到设计要求。压缩终止时，气缸内的压力值越小，混合气的燃烧速度就越慢，发动机的有效功率就越小，不利于发动机动力性能的发挥，容易造成发动机动力不足、加速不良。造成气缸压力值下降的原因主要有：气缸和活塞之间的间隙过大、气缸垫的密封性能下降、气门漏气、配气相位失准、进气阻力过大等。可用缸压表测量缸压，读取测量数值，将之与标准数值进行比对，以此判断是否存在问题。如压力值达不到要求，就需要大修发动机。

（四）实施效果

用系统排查法排查，能够有效地找到故障点，解决发动机动力弱的问题。

应用系统排查法，针对上文描述的故障进行排查，最终判断是因为燃油供油管路内存在异物，导致发动机喷油供给压力不足，从而使得发动机内部的燃油燃烧不充分，表现为动力不足的故障。更换燃油供油管路后，进行了启动测试。分别在静态测试和路试两种情况下，进行全油门加速测试，显示车辆的转速表恢复正常工作状态；冷启动加速时也不熄火；原地急加速时恢复正常工作状态；仪表盘恢复正常显示状态。

二、线束短路和磨断导致的动力弱

（一）故障描述

车辆可以正常解除防盗设置，冷启动时工作正常，踩下制动踏板时可以正常启动车辆。挡位为 P 挡时，汽车转速表数值无法提升，静态测试全油门转速在 1200r/min 左右。挂入 D 挡时进入路试，车辆可以正常移动，全速踩下油门踏板时，明显感觉动力不足，仪表盘显示转速在 1000r/min 左右，车辆仪表盘的发动机故障灯长亮。熄火后，电子手刹可以正常工作。

（二）故障原理

静态测试加速时，发动机无法提升转速；路试时则加速无力。针对此种发动机怠速正常但动力弱的情况，可以按照上一个故障案例中的原理进行系统排查，同时结合电路系统信号检查传感器和电子控制单元（Electronic Control Unit，ECU）。通常可以借助诊断仪读取数据流故障代码来进行排查。

（三）故障排查

1. 检查进气系统是否有故障

可以借助诊断仪读取数据流信息并进行诊断，将诊断仪得出的数据和解析结果与数据流的标准值进行比对。若进气数据异常，可通过上一个案例中进气系统的排查步骤，判断问题点，并更换相应的故障零件来解决问题。进气流量传感器如图 7 所示。

2. 检查加速踏板的信号输出是否正常

借助诊断仪，查看在踩下加速踏板的同时，发动机管理系统（Engine Management System，EMS）

BAOLONG
A021C00193
T00002934
2104230025
Made in China
350kPa

图 7　进气流量传感器

接收的踏板数据是否能够同步，并检查踏板的线束端子定义是否有误。拆下踏板插件，观察线束端子的状态，比对线束的颜色是否与图纸设计的相同。在正常状态下，车辆加速踏板输出信号，发送给EMS，EMS经计算后发信号给节气门，节气门传感器接收到信号后，对EMS输出信号进行执行，加速踏板踩踏深度与节气门传感器的翻板开合角度呈正相关。在正常状态下，踩下加速踏板时，节气门传感器的翻板应该有旋转的动作出现。信号出现错误时，节气门传感器的翻板无动作。节气门传感器翻板如图8所示。

图8　节气门传感器翻板

（四）实施效果

由于车辆仪表盘的发动机故障灯长亮，可以借助诊断仪进行故障诊断，通过读取故障代码进一步明确排查方向。通过诊断故障代码（Diagnostic Trouble Code，DTC）得到节气门故障代码，进一步读取加速踏板踩踏深度与节气门传感器翻板开合角度的数据流数值，将其与标准值进行详细的比对、判断，发现踩下加速踏板后，节气门传感器翻板的开合角度与数据流不匹配。

确定排查点后，拆下节气门和加速踏板，检查线束端子的外观和端子定义。按照线束原理图，检查节气门到 EMS 输出端的线束，以及加速踏板端到 EMS 输入端的线束。经过万用表的通断测量发现，2 号针脚的加速踏板线束有短路现象。按照短路、断路的排除方法进行处理，将加速踏板端的 2 号针脚接到 EMS 相应针脚，在静态测试状态下，踩下加速踏板，仪表盘转速数值无法提升的故障得到解决。再按照图纸的走向剥开线束发现，机舱线束在前围钣金处有磨断现象。按照图纸要求重新接线，经测试，故障解除。

第三讲

发动机无法启动故障排查的操作流程及实施效果

一、插件端子错位导致的无法启动

（一）故障描述

车辆遥控防盗解锁系统可正常使用，进入车辆后，上电、下电功能正常。踩下制动踏板启动车辆，启动机功能正常。启动机运转后观察仪表盘，发现发动机转速表表针可轻微摆动，排气管有“突突”的声音，但不能正常着车，此时蓄电池电压为12.7V。

（二）故障原理

车辆上电后启动车辆，启动机有动作但不能着车，与发动机动力弱的第一个故障案例的排查方向一致，同时需考虑与启动回路及相关继电器因损坏而不吸合有关。

（三）故障排查

1. 排查燃油系统

（1）检查油箱的燃油泵是否工作。在正常情况下，车辆上电或启动时，燃油泵会进入正常工作状态，在室内同时能听到2秒“嗡嗡”的声音。如果燃油泵没有进入正常工作状态，则可以明显感觉到发动机启动时的声音不对，会发出“嗯嗯”的声音。如果没有声音出现，可以打开机舱里面的机舱电器盒，检查燃油泵的继电器是否吸合、供油的保险丝是否损坏。在正常情况下，当继电器工作时，用手触摸会有“咔咔”的振动感，会听到“嗒嗒”的声音，没有这个振动感和声音，则说明继电器没有工作。

（2）检查相关的燃油供油管路，观察管路是否有堵死的现象。如有，会导致发动机供油不畅；观察管路里是否存在空气，这也会造成供油管路压力不足，从而影响启动。可以拆下供油管路，用灯光照明和吹气的方法来检验管路的通畅情况。如果里面确实有堵死现象，吹气时，会感觉阻力大。如有供油不畅的问题，需要更换新的燃油供油管路。

（3）检查发动机的高压油泵是否工作。可以用手摸高压油泵感受是否有振动，同时听是否有“嗡嗡”的声音。也可拆下火花塞来观察火花塞上是否有油渍，通过喷油情况进行判断。如有油渍，可排除燃油系统问题。

（4）检查油轨和喷油嘴是否喷油。拆下火花塞，观察燃烧室是否有喷油的痕迹或者淹缸的痕迹。发动机喷油或者淹缸时，火花塞顶部会呈现黑色，并伴有生汽油的味道；不喷油或不淹缸时，不会出现油渍，也没有生汽油的味道。如有生汽油的味道，需要排查是否为燃油系统和 EMS 信号的问题。

2. 排查进气系统

（1）检查节气门传感器是否为打开状态。车辆上电后，观察节气门传感器是否复位或出现声音。正常工作状态时，节气门传感器会出现翻板回位的动作；不正常状态下则为无明显动作，也不会发出有动作的声音。如节气门传感器异常，需要检查 EMS 信号状态和节气门传感器本体原因。

（2）检查车辆的空气滤清器和进气管路是否堵

塞。如堵塞，则会引发进气不畅，导致发动机没有足够的进气量。用诊断仪诊断空气进气流量传感器，判断其是否工作正常。将诊断出的数值与正常状态时的进气流量传感器的压力值和标准值范围进行比对。一般情况下，非正常状态时，压力值显示为红色。如出现上述问题，需要更换进气系统的相关零部件。

3. 排查排气系统

检查排气系统前段，在发动机工作的状态下，如果三元催化器发红，证明有堵死现象。用工具轻轻敲击三元催化器，观察里面陶瓷体粉碎状态。拆下排气系统的消声器，观察其是否有堵塞、损坏等现象。正常状态下，用手晃动三元催化器时没有声音；不正常状态下，晃动时其会出现"哗啦哗啦"的声音。如有"哗啦哗啦"的声音，就需要更换三元催化器。

4. 排查电路系统

（1）检查影响发动机启动的相关继电器与保险

丝，如油泵继电器、点火线圈、油泵、节气门保险丝等，用万用表阻值挡位和通断挡位测量。拔下节气门保险丝，观察保险丝熔断情况，用万用表通断挡测量保险丝的好坏，出现“滴”声为正常。如出现保险丝损坏、熔断现象，可更换新的相同安数的保险丝及与其相对应的继电器。

（2）用线束原理图分析发动机启动系统回路的需求。分析原理图整体的启动回路和信号需求，主要分析无钥匙进入 / 启动系统（Passive Entry Passive Start，PEPS）中的系统防盗模块和 EMS 中的车辆发动机模块。

（3）检查继电器：30 号针脚为常电端（12V 电压）针脚，87 号针脚为用电器端针脚，85 号针脚为公共端（12V 左右电压）针脚，86 号针脚为模块信号端针脚。通过万用表测量继电器底座的电压值，用通断挡位判断供电端、信号端和设备输出端有无故障。

（4）车辆如果可以正常上电，可以借助诊断仪读取故障代码数据流。通过观察数据流，查找出没有发出启动信号的部件，以此判断整车的故障。还可以针对某个信号来读取数据流，并和车辆标准值的范围进行对比分析。

（四）实施效果

由于启动机有动作但无法着车，可以在断开蓄电池后先拆下空气滤清器和相关管路观察有无堵死现象，观察排气系统有无堵死现象。拆开火花塞时，发现缸内没有汽油喷出，可以检查燃油系统是否工作。启动时，若没有听到燃油泵“嗡嗡”的声音，检查燃油泵插件插接是否良好。用手触摸机舱保险盒中的油泵继电器，感受它是否吸合。用万用表通断挡位测量机舱保险盒里的油泵保险丝，检查它是否完好。观察火花塞上的油渍，闻一闻是否有生汽油味。用手触摸插件，感受插件的松紧状态。机舱保险盒如下页图 9 所示。

按照电路图进行测量后发现，是油泵继电器的

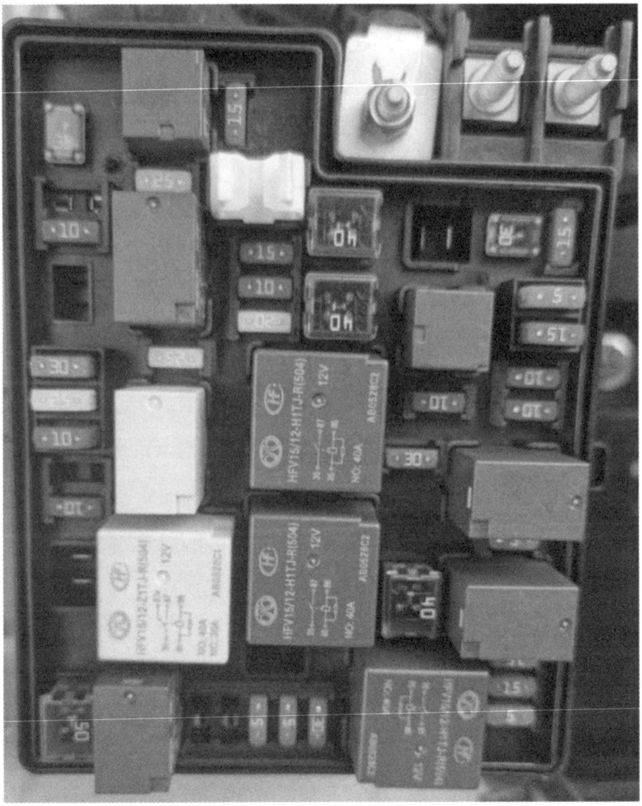

图 9 机舱保险盒

常电端（30 号针脚）没有电压，导致继电器不能吸合。测量油泵继电器常电端线束后发现，是机舱电器盒内部插件端子出现了错位现象。按照图纸要求修复端子后再次上电测试，油泵继电器吸合，燃油泵工作正常。

二、挡位故障导致的无法启动

（一）故障描述

车辆可以正常遥控解闭锁，可以正常上下电；踩下制动踏板时，车辆启动机无动作，用万用表测量的蓄电池电压为 13.1V 左右；踩下制动踏板进行挡位切换，仪表盘挡位显示为 P 挡，将换挡手柄切换至 N 挡时，挡位无法切换；踩下制动踏板，后方制动灯可以正常使用，仪表盘显示自动变速箱控制单元（Transmission Control Unit，TCU）故障灯长亮。

（二）故障原理

发动机可以正常上下电，踩下制动踏板后进行启动。如果发动机无法启动，一般是从变速箱换挡单元是否损坏、离合踏板或者制动踏板信号是否丢失、换挡手柄是否损坏、TCU 软件信号程序是否有故障几个方面逐一进行排查。

（三）故障排查

（1）检查变速箱的换挡机构，用手触摸其是否有动作。如果换挡机构有动作，说明是返回 TCU 的信号出现了问题。正常情况下，换挡时，能听到“咔咔”的声音，观察仪表盘显示的挡位状态。工作不正常时，仪表盘的挡位指示会变为红色，表示有故障需诊断。

（2）观察后方制动灯，可以看出制动信号是否符合启动要求，借助诊断仪观察制动信号和手动挡的离合信号。如果信号不正常，应检修制动信号和离合信号线路，并更换制动信号开关和离合信号开关。

（3）检查换挡手柄是否存在由本体故障或霍尔传感器故障导致的无法换挡现象，通过诊断仪获得故障代码，再通过读取故障代码进行查询。

（4）借助诊断仪进行 TCU 和换挡机构模块的诊断，读取故障代码和换挡信号的数据流。

（5）检查影响换挡的相关线束，通过线束原理图进行排查，按照图上的换挡原理进行分析和检测。换挡机构如下页图 10 所示。

（四）实施效果

仪表盘上变速箱故障灯长亮，进行换挡测试，变速箱上的换挡机构没有动作；仪表盘还显示 P 挡位，无法切换到 N 挡位，说明 TCU 根本没有把变速箱换挡机构的信号发出。

通过诊断仪读取故障代码数据流后发现，变速箱换挡机构的信号确实没有发出，故障代码显示是霍尔传感器出现故障，经检查是由于挡位本身故障

图 10　换挡机构

导致信号没有发出。

通过更换换挡手柄，用诊断仪清除故障代码后，仪表盘显示的变速箱故障代码消失，再进行启动测试后，可以正常启动。

第四讲

车辆加速无力故障排查的操作流程及实施效果

一、燃油滤清器被堵导致的加速无力

（一）故障描述

车辆正常启动后，观察汽车转速表，怠速转速范围符合要求，仪表盘没有显示故障灯。踩下制动踏板进行路试，挡位信号正常，可以正常行驶，但急加速时明显感觉无力。

（二）故障原理

加速无力一般可从燃油压力是否低、进气量是否充足、排气是否畅通、点火系统是否正常、制动钳回位是否良好几个方面进行排查。

（三）故障排查

1. 排查燃油系统

（1）检查燃油供油管路的燃油压力，借助燃油压力表来读取燃油压力的数值。拆开管路和仪器的连接处，将读取的数值与标准值进行比对。当数值不正常时，检查燃油泵输出压力值，更换损坏部件以及燃油供油管路。

（2）检查高压油泵的燃油压力值是否正常。不正常时，更换燃油系统相关损坏零部件。

（3）检查喷油嘴雾化功能是否良好。功能受损时，更换油轨总成（检查缸内直喷发动机喷油嘴雾化功能是否良好，可以借助诊断仪来读取相应的数据流）。

（4）检查燃油的品质。品质不好的燃油会导致燃烧不完全，需更换品质好的燃油。

2. 排查进气系统

（1）检查空气滤清器是否清洁、管路是否有异物。如堵塞，会导致进气不流畅，需更换相关进气部件，如空气滤清器总成和相关连接空气滤清器的进气管路。空气滤清器总成如下页图 11 所示。

（2）检查节气门传感器是否有积炭、翻板打开角度是否正常。踩下加速踏板，观察节气门传感器翻板开合角度的大小是否符合设计要求。积炭过多时，可通过清洗节气门传感器的方法来解决。

图 11　空气滤清器总成

（3）检查进气相位以及气缸缸压是否符合要求。可通过诊断仪读取进气相位的数据。如果缸压不正常，则更换相位传感器或检修发动机汽缸的相关密封部件。

3. 排查排气系统

（1）检查三元催化器是否处于堵塞状态，还可用工具敲击，通过声音辨别其有无损坏现象。

（2）检查氧传感器，借助诊断仪读取氧传感器的数值，观察其是否符合标准值范围。如果氧传感器损坏，会影响空燃比，导致发动机燃烧出现问题。当氧传感器出现故障时，应及时更换氧传感器零件。

4. 排查点火系统

检查发动机火花塞电火花的状态。蓝色电火花为正常，红色电火花代表火花较弱。火花塞如下页图 12 所示。

5. 排查制动系统

检查四个轮胎的制动盘和制动钳，观察解锁后

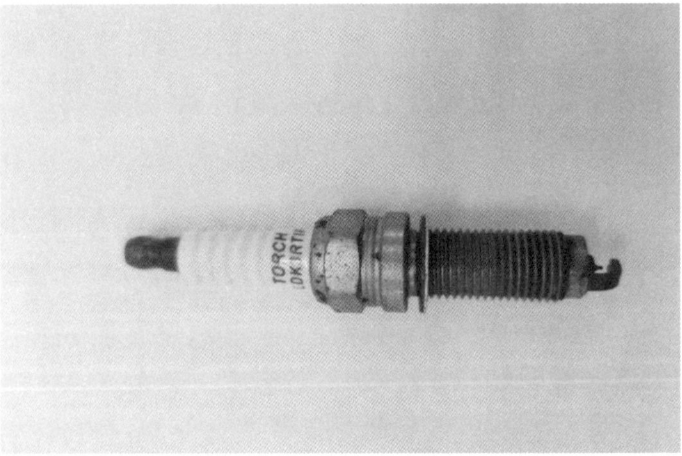

图 12 火花塞

其是否能完全松开（包括电子手刹和踩制动时的制动回位状态），防止制动拖滞现象发生。用手转动轮胎，通过力度大小判断制动的松紧程度，也可以通过路试时的空挡滑行状态进行判断。如制动系统出现问题，解决制动问题点。

（四）实施效果

先检查制动的部分，没有发现制动回位不良的现象；测量燃油部分的压力值，该值符合该车的燃油压力值范围；拆开空气滤清器和相关进气管路，没有发现堵塞现象；节气门传感器没有积炭，上电后踩下加速踏板，节气门传感器翻板开合角度没有问题；拆下火花塞进行电火花测试，电火花为蓝色。最后，检查燃油箱时发现，燃油滤清器被毛絮堵住，导致燃油压力下降。更换新的燃油泵，通过静态着车测试和动态路试，故障解除。进一步分析，原来是试验场周边的加油站油品的杂质过多所致。

二、TCU软件版本与车辆软件版本不一致导致的加速无力

（一）故障描述

用遥控钥匙解锁后，汽车功能正常。踩下制动踏板启动车辆后发现，转速表怠速为700r/min左右时，踩下油门后的转速可以正常地增加到4000r/min左右，仪表盘的发动机故障灯长亮，但此时挡位可正常切换。进行路试时，踩下油门后，转速上不去。

（二）故障原理

发动机在静态测试时，转速正常；路试时，加速无力。针对此现象，可以依次对发动机模块、TCU、燃油供油管路系统、制动系统和车辆模块进行排查。

（三）故障排查

1. 检查发动机模块

借助诊断仪读取相关的数据流、供油信号、轮

速信号，并将得到的数值与标准值进行比对。如数值偏离标准值，则应更换相应零部件。

2. 检查 TCU

查看 TCU 的数据流，用诊断仪进行诊断测试，对 TCU 的诊断和数据报文进行分析。检查换挡时的挡位信号是否一致、是否有相关的故障代码，根据相关故障更换相应零部件。

3. 排查燃油系统

喷油嘴堵塞、燃油供油管路漏油、汽油泵功率下降都会造成汽车提速慢、加速无力的现象，可依次检查是否有上述现象，也可检查行车时 EMS 发送的供油信号是否正确。如发现喷油嘴堵塞、燃油供油管路漏油，可清洗喷油嘴，维修发动机油路系统。

4. 排查制动系统

检查四个轮胎是否有制动拖滞现象。可以通过转动车轮松紧的方法判断其是否正常，还需检查电子手刹是否松开到位，也可以通过转动后边轮盘的方法和听电子手刹的声音判断其工作状态。制动总成如图 13 所示。

图 13　制动总成

5. 检查车辆模块

检查 EMS、TCU 的相关数据报文值；检查相关的轮速信号、转速信号、供油信号、进气流量传感器的数值等。当信号数值不正常时，可更换相应的传感器，并对相应模块进行软件刷写。

（四）实施效果

由于仪表盘的发动机故障灯长亮，可以借助诊断仪读取数据流与故障代码。读取 TCU 和 EMS 的信号数据后，将其与标准值对比，并没有发现问题，最后发现是动力总成的 TCU 软件版本与车辆现阶段的软件版本不一致所致。更换新的 TCU 软件版本后，故障解除，全车故障代码清除。着车后测试，发动机故障灯熄灭。

第五讲

发动机抖动故障排查的操作流程及实施效果

一、进气压力传感器受损导致的发动机抖动

（一）故障描述

车辆冷启动后，怠速平稳，几分钟后，发动机出现抖动现象，排气时有“突突”的声音；拆开火花塞后，发现每个火花塞都有燃烧的痕迹；发动机的 4 个缸都在工作，拆下喷油嘴观察喷油量，发现喷油量比同类车略少；着车一段时间后，有时启动困难，其间更换过喷油嘴、点火线圈、火花塞、汽油泵、ECU、机舱保险盒、燃油供油管路等零部件；怠速着车一段时间后，三元催化器有变红的现象；将油门踩到底时，发动机平稳高速运转，三元催化器的颜色逐渐正常。

（二）故障原理

发动机启动后出现抖动状况，通常可以从以下几个问题点来进行排查：进气不良、点火失效、供油压力不足、EMS 信号错误或丢失、EMS 损坏等。

（三）故障排查

1. 排查进气系统

（1）检查进气系统的相关零件，分析是否有因堵塞导致的进气量不足的状况。着重观察进气管道里面小的串气线路，即小管路。在进气量不足的情况下，更换相关进气系统的部件（空气滤清器总成和相关进气管路）。

（2）检查进气温度传感器和进气流量传感器信号是否发送错误。借助诊断仪读取数值范围。数值不正常时，读取的数值显示为红色，应更换进气温度传感器和进气流量传感器等。

（3）检查进气管路上的其他管路是否有漏插或破损现象。有时会出现由裂纹导致的漏气，仔细观察就能够判断出问题所在。发现有问题后，进行点位补差或者更换管路。

2. 排查点火系统

（1）检查高压线圈是否完好，避免因出现裂痕而发生的跳火现象，观察线圈顶端是否有裂纹。如有裂纹等问题，需及时更换新零件。点火线圈如图14所示。

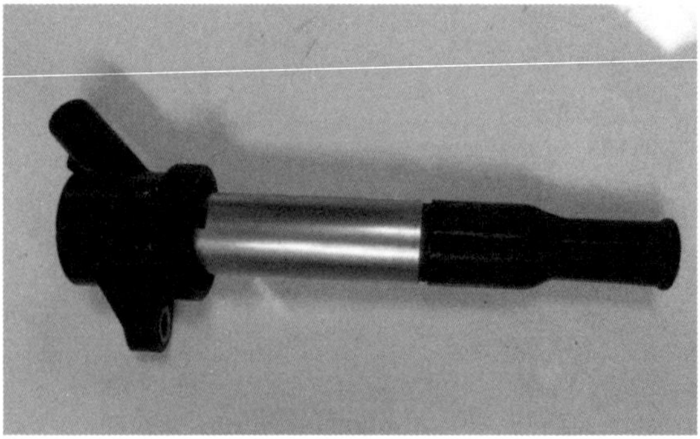

图14　点火线圈

（2）检查火花塞。拆开火花塞后，观察火花塞是否损坏、开裂；观察其两端电极点的间隙是否合适；观察点火时的状态，出现蓝色电火花为正常现象，出现红色电火花为电火花弱。当火花塞出现问题时，更换型号相同的新火花塞即可。

3. 排查燃油系统

（1）检查燃油供油管路是否有供油不畅的状况、燃油供油管路的压力值是否达到标准范围。如供油不畅或压力值不符合要求，需要更换新的燃油供油管路来排除出现的故障。

（2）检查高压油泵的压力值是否符合要求。不正常时，更换燃油系统相关损坏部件。

（3）检查喷油嘴雾化功能是否良好。功能受损时，更换相应喷油嘴。

4. 排查相关信号和线路保险丝

借助诊断仪读取整车相关数据流和整车故障代码，以此判断问题所在位置，可通过进气温度及进气压力的传感器数值、水温传感器数值、配气相位等信号数值进行判断。将诊断仪读取的数据与车辆自身设定的标准参数对比，找出问题所在；也可以在读取整车诊断数据并判断出问题点位后，再进行维修，以节省时间。

发动机的缸压低时，也会导致发动机抖动。此时，发动机的第三缸抖动最明显，其次是第四缸。可以利用气缸压力表检查发动机的气缸压力，将读取到的气缸压力值跟标准值进行比对，以便确定出问题点，并进行排除。

对机舱保险盒进行排查，用万用表检查喷油嘴保险丝和点火线圈保险丝等。若电流过载导致保险丝熔断，可直接拆除保险丝，观察熔断情况。当保险丝熔断时，需更换相同规格的保险丝。

（四）实施效果

发动机出现抖动，更换完新的零部件后，抖动还是存在，用燃油压力表测得的压力值也符合正常压力值范围，用气缸压力表测得的数值也符合正常设计值。借助诊断仪读取 EMS 里面的相关信号值。长时间启动后，读取水温信号值；读取进气压力传感器和进气温度传感器的数值时发现，进气压力的数值一直不变，别的数值信号均正常，说明是因进气压力传感器损害导致的发动机抖动。

经分析，是因为在车辆没电后搭车启动时，电源的正负极错搭，引起了短路，造成了进气压力传感器损坏。更换传感器再进行测试，发动机抖动现象未再次出现。

二、火花塞电极烧熔导致的发动机抖动

（一）故障描述

车辆解锁后启动车辆，冷启动时，出现怠速不稳、发动机抖动现象。观察转速表，有转速不稳定状况，挡位功能正常。在动态测试时，发动机抖动的现象更加明显。全油门加速时，明显感觉加速无力。在车内能明显听到排气的“突突”声，闻到生汽油的味道，仪表盘显示发动机故障代码。

（二）故障原理

如上文“进气压力传感器受损导致的发动机抖动”所述，汽车出现发动机抖动缺缸现象的原因，一般是进气不良、点火失效、供油压力不足、EMS 信号错误或丢失、EMS 损坏等。针对此故障，也可从以上几个方面依次排查。

（三）故障排查

此故障的排查点与进气压力传感器受损导致的发动机抖动故障的排查点一致，可参照该故障的排查步骤依次进行排查，找到问题所在。

（四）实施效果

拆除每个缸的火花塞，观察每个缸是否有不点火或淹缸现象，并检查每个缸的点火线圈是否有损坏。拆到第二缸的火花塞时发现，有火花塞电极烧熔现象。更换新的火花塞后，原地进行启动测试，发动机抖动现象消失，仪表盘显示的转速也恢复正常。

第六讲

发动机启动困难故障排查的操作流程及实施效果

一、网关模块故障导致的发动机启动困难

（一）故障描述

将车辆的防盗锁解除，上电后，发现仪表盘的故障灯全部在闪烁，多次点击一键启动开关才能启动车辆。启动车辆后，仪表盘偶尔会出现正常状态，即故障灯全熄灭的现象。用诊断仪读取的故障代码显示，网关模块出现了故障。针对读取的故障代码进行了多次测试，故障现象仍然存在，并没有完全消失。

（二）故障原理

如果汽车发动机出现有时能启动、有时不能启动的状态，并且仪表盘的故障灯全部闪烁，说明全车的控制器局域网络（Controller Area Network，CAN）总线信号丢失。应该根据CAN总线的原理，从网关模块信号是否丢失等方面排查问题所在。通过CAN线对车辆上各个模块进行交互通信。

（三）故障排查

1. 检查 CAN 线束和 CAN 电压值

有时会发生 CAN 线的 CAN 高端角（CANH）和 CAN 低端角（CANL）接反的错误，可通过量取 CANH 和 CANL 电压值来进行线束端角问题排查。一般 CANH 的电压为 2.7V 左右，CANL 的电压为 2.3V 左右。通过线束颜色来检查线束端角的位置，其位置要与图纸的要求一致。车辆正常上电后，测量车辆三路 CAN 线的电压值，可以通过这种方法排除 CAN 线高、低端角的故障。

2. 测量 CAN 线的电阻值

可以用量取电阻值的方法排查是不是各路 CAN 线所在模块终端电阻的问题。各路 CAN 线的终端电阻有两个模块，电阻值都为 120Ω，两个终端电阻模块并联后的电阻值为 60Ω。如果测量得到的电阻值过大或过小，说明 CAN 线上的模块的终端电阻出现了问题，可能是由于模块缺少电阻信号导致的通信不良。此时，可以通过增加电阻的方式读取模块的信号值，以查找模块问题。如查找到有问题的模块，需更换新的模块才能解决问题。

3. 借助诊断仪排查

用诊断仪在车上读取各个模块的信息，观察模块和诊断仪之间的信号连接是否正常、交互是否有问题。在正常状态下，诊断仪可以跟模块的电源、负极搭铁、CANH、CANL 进行通信连接，并读取其数据流和故障代码。

4. 检查网关模块

网关模块出现问题会使车辆出现整车 CAN 总线掉线的情况，可以通过观察仪表盘上代表各个模块的故障灯进行判断。仪表盘全部故障灯长闪，代表模块通信丢失；故障灯一直闪烁，则代表网关模块在整车 CAN 总线中的信号丢失。通常网关为每路 CAN 线的一个终端电阻控制器，车辆每路 CAN 线的信号都是通过网关来进行路由和转换的。单独 CAN 线信号丢失或一路 CAN 线信号丢失，通常都是线束和模块本身问题所致。可通过观察仪表盘和使用诊断设备判断。当模块出现问题时，需更换模块。

5. 检查 ECU 信号

要排查是不是 ECU 在车辆上没有信号的情况。在模块的电压值为 12V 左右的前提下，可以通过模块的接地是否良好、模块的 CAN 线是否符合电压值范围、模块在整车中的 CAN 线位置判断通断阻值。

（四）实施效果

用诊断仪读取故障代码后，出现网关故障代码。明确故障点后，对网关模块进行排查。通过车载自动诊断系统（On-Board Diagnostics，OBD）的端口（见下页图 15）来测量电压值是否符合规定范围。断开蓄电池后，测量出三路 CAN 线的电阻值范围跟标准电阻值有偏差，以此可确定线路没有问题，而是网关模块本身的问题。更换新的网关模块后，再次进行静态测试，没有出现问题。进一步分

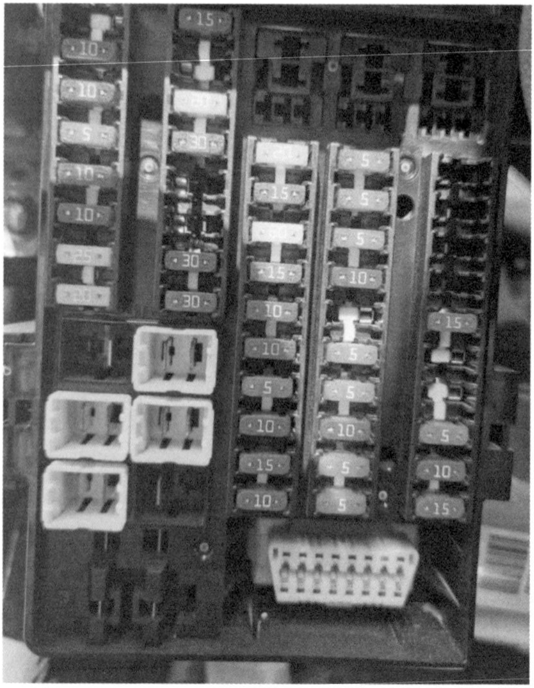

图 15　OBD 端口

析得出，网关模块的内部电阻出现问题，从而导致车辆信号在各个 CAN 线上的路由出现问题。

二、软件版本号不匹配导致的发动机启动困难

（一）故障描述

车辆在锁车情况下放置 1 天后，能正常进行防盗解锁，上下电功能正常，仪表盘显示均正常；踩下制动踏板后，发现启动机无力，着车困难。车辆放置时间较长时（如 2 天以上），就会出现解锁功能失效现象，必须通过机械钥匙来对车辆进行解锁。解锁后，测得车辆的蓄电池电压值为 3.1V 左右，必须外接启动电源才能够正常启动车辆。

（二）故障原理

发动机启动困难、电压不足时，通常可以从以下几个方面排查故障。蓄电池本身是否损坏、汽车模块有没有进入休眠模式、自放电现象是否严重等。

（三）故障排查

1. 检查蓄电池电压是否亏电

正常蓄电池的电压值一般在 12V 左右。车辆如果长时间停放或者车上的电器忘记关闭，就会出现亏电现象。蓄电池使用年限到期、长期放置蓄电池、蓄电池极柱长时间使用导致氧化从而造成接触不良等，都会导致蓄电池电压亏电现象。蓄电池如图 16 所示。

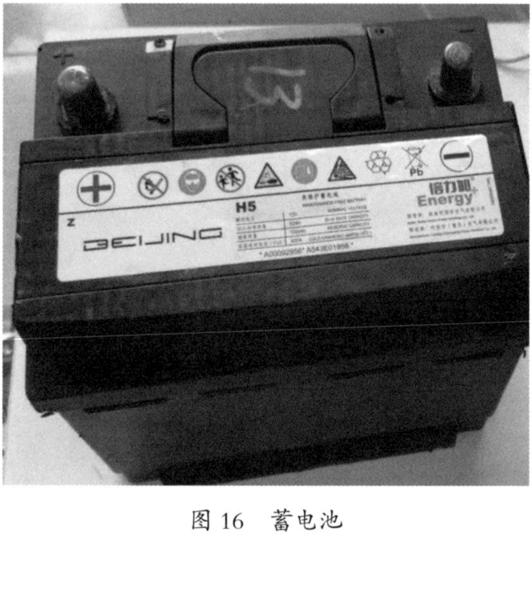

图 16　蓄电池

2. 检查模块是否休眠

可借助 CANoe 设备来检测车上的哪些模块没有休眠。正常情况下，在锁车 15 分钟后，车上所有模块都应该进入休眠状态，只有再次解锁时才能唤醒。如果 15 分钟后，车上的模块仍然在发送报文，证明该模块没有休眠，这样也会耗电。对检测出的未休眠模块，可进行关闭处理。

3. 检查是否有人为原因导致的耗电过多

导致蓄电池耗电过多的人为原因包括车灯、收音机未关等。经常会出现下车后，不关闭组合开关，导致车内灯一直亮的情况，进而使蓄电池亏电严重。

4. 检查车辆暗电流

汽车电系的暗电流，又称为静电流、漏电量或寄生电流，是指在点火开关和电器开关均断开后蓄电池的放电电流，一般以“mA”为单位。暗电流存在的作用有两点：一是保持某些控制单元的数据记忆功能，如音响控制单元记忆听过的频段、CD 曲目，空调控制单元记忆风向、风速的设定等；二是为防盗系统提供电源，以保证全天候的监视功能。一般来说，如果暗电流的电流值超过 10mA，说明车辆存在暗电流过高、模块不休眠状态。此时可检查这些暗电流是否有开启的必要，如非必要，可进行切断处理。

（四）实施效果

用诊断仪读取各个模块的休眠状态后发现，车辆的座椅模块没有休眠，用电流表对其进行测量。传统的暗电流检测方法是拆除蓄电池负极引线，把万用表串联在蓄电池负极上。

若暗电流的电流值大于规定数值，可按以下步骤进行诊断：断开加装电器的电路后，观察暗电流的电流值是否明显变小，查看有无控制单元未进入休眠模式，采用“拔熔丝法”进行诊断；依次拔下保险盒内的熔丝，若拔下某一熔丝后，暗电流的电流值明显变小，说明该熔丝控制下的线路或电器有故障。最后发现是座椅模块的软件版本号与系统不匹配导致座椅模块无法进入休眠状态。更新软件版本后，再进行测量，暗电流的电流值恢复正常，模块也停止发送报文，进入休眠状态。

后 记

1987 年 7 月，是我人生转折的关键时刻。从那时起，我从一名懵懂的学生转型成为一名汽车行业人。初出茅庐，我没有什么雄心壮志、没有什么责任使命感，只带着一股年轻的冲劲儿和闯劲儿。真正让我将工作融入骨髓、作为一种修行来对待，是从 2002 年开始的。

2002 年，汽车工业进入全球化发展新时期，北京汽车与韩国现代汽车合资成立北京现代汽车有限公司，这圆了北汽几代人的轿车梦。我作为第一批员工加入北京现代汽车有限公司，并以第一批培训人员的身份赴韩国学习。21 天的集训，我一刻不敢懈怠。当时我的想法只有一个：要把先进的技术学到手，回去后造就我国自己的汽车。也正是这股信念，一直支撑我在后续的汽车道路上越走越宽、越走越远。

我一直致力于从技术角度学习成长，传承和弘扬工匠精神。在这个过程中，我深深感受到了国家和企业对我们这些工匠的培养和支持。首先，国家在人才培养方面投入了大量的资源和资金，提供了各种培训课程、奖学金和资助机制，帮助我们提升自己的技能水平，拓宽我们的视野。其次，企业为我们提供了各种机会和平台，让我们能够接触到更多的工作项目，学习到更多的项目管理经验，更好地适应未来的工作环境。

既然选择了，就要干好！在工作中，我享受每一次困难带给我的成长。我相信只有通过不断的学习、实践、创新，才能真正成为一名优秀的工匠，为社会作出更大的贡献。在此，感谢国家和企业对像我这样的普通工人的支持和关心！

2023 年 5 月

图书在版编目（CIP）数据

李兵工作法：汽车发动机故障诊断与维修 / 李兵著. —北京：中国工人出版社，2023.7

ISBN 978-7-5008-8105-6

Ⅰ. ①李… Ⅱ. ①李… Ⅲ. ①汽车－发动机－故障诊断 ②汽车－发动机－故障修复 Ⅳ. ①U472.43

中国国家版本馆CIP数据核字（2023）第122459号

李兵工作法：汽车发动机故障诊断与维修

出 版 人　董　宽
责任编辑　习艳群
责任校对　张　彦
责任印制　栾征宇
出版发行　中国工人出版社
地　　址　北京市东城区鼓楼外大街45号　邮编：100120
网　　址　http://www.wp-china.com
电　　话　（010）62005043（总编室）
　　　　　（010）62005039（印制管理中心）
　　　　　（010）62046408（职工教育分社）
发行热线　（010）82029051　62383056
经　　销　各地书店
印　　刷　北京美图印务有限公司
开　　本　787毫米×1092毫米　1/32
印　　张　3
字　　数　40千字
版　　次　2023年8月第1版　2023年8月第1次印刷
定　　价　28.00元